Un sorbito *de tu amor*

DIEGO VALDÉS

Con ilustraciones de Mauro Aldair

¡Hola! Escribí este libro con la intención de
plasmar en papel todo lo que mi corazón no
supo decir, para que las personas como tú y
como yo, que sentimos mucho y hablamos
poco, podamos soltar este mar de emociones
que atraviesa nuestra piel.

Espero que encuentres emociones que conecten
contigo, con tus recuerdos, o en todo caso, que
encuentres consuelo, que te recuerde lo que es
querer y ser querido.

- Diego

Un sorbito de tu amor…

Hicimos el amor…………………………14
Te amo más…………………………25
Ya no te pienso tanto…………………34
Por siempre…………………………46
Un sorbito de tu amor…………………54
Perfecta…………………………69
Si se acaba el mundo…………………79
Solo…………………………89
El tiempo…………………………91
No puedo soltarte…………………110

DIEGO VALDÉS

Y si me rompes el corazón,
tomaría las piezas,
lo armaría de nuevo.
Y aunque ni siquiera pidas perdón,
en esta y mil vidas,
te pondría primero.
Pero si lo rompes que sea por distancia,
si lo tiras que sea por error,
si me mientes que sea por coraje
y si te quedas que sea por amor.

UN SORBITO DE TU AMOR

Quiero ser el fuego que te queme el alma con un beso.

DIEGO VALDÉS

Hicimos el amor...
hicimos el amor,
cuando al caer la noche,
me pidió que tomara su mano,
porque le teme a la oscuridad.
Hicimos el amor,
cuando acostada en mis brazos,
me pidió que no la soltara,
porque me ama de verdad.
Lo hicimos tantas veces en tan pocos días,
que empiezo a cuestionarme si realmente hicimos el
amor,
o si el amor nos hizo a nosotros.

UN SORBITO DE TU AMOR

Y me enamoré,
me enamoré de su sonrisa,
me enamoré de su calor,
del sonido de su risa
y de cómo sus caricias me abrazan el corazón.

DIEGO VALDÉS

Entre tanto ruido,
te encontré a ti,
me diste tanta paz,
que hasta me encontré a mí.

UN SORBITO DE TU AMOR

La vida es un baile lento,
solo espero que lo dancemos juntos.

DIEGO VALDÉS

La mejor parte de dormir contigo,
no son los besos y suspiros
que nos secuestran la noche.
Madrugadas largas,
entrelazando miradas e intercambiando sonrisas,
de esas que acaban en choque.
La mejor parte se asoma
a la mañana siguiente.
Cuando despierto tranquilo,
porque ya no hace frío,
es tu calor contra el mío y ahí estás,
tierna,
con la boca entreabierta
y los pelos de punta,
creo que nunca te habías visto tan perfecta.
Y no cabe duda,
que las mañanas contigo,
espero sean eternas.

UN SORBITO DE TU AMOR

¿Almas gemelas?
Cosa de cuentos...
¿Juntos por siempre?
Solo en las pelis.
O eso pensaba,
hasta que el destello de tus ojos me dejó 3 noches sin
dormir,
hasta que el sonido de tu risa me hizo sentir que yo sin
ti, tú sin mí,
no es algo que se pueda discutir.

DIEGO VALDÉS

Tal vez la persona correcta en el momento equivocado
era solo una ilusión,
una forma de hacernos creer que
tomamos la mejor decisión,
¿porque cómo podría estar mejor sin ti?,
¿cómo no lo hicimos funcionar?
Tendré que conformarme con solo ser
un instante perfecto
que tuvo su final
y eso no es suficiente para mí.
Dicen que en esta vida
hay que pedir
lo que te mereces
y he sufrido tanto,
que creo que me merezco un cachito de ti.

UN SORBITO DE TU AMOR

Me aterra más perderte a ti, que perderme a mí.

DIEGO VALDÉS

Si te vas,
te buscaría en esta vida,
te buscaría en la siguiente,
en tu lugar favorito,
con tu loción favorita,
a las 11:11 de la noche,
así sabrías que no es casualidad.
Probablemente no conectemos al instante,
pues no fue así la primera vez...
será cuestión de tiempo,
un par de días,
meses tal vez...
pero llegará el momento,
los dos bajo la lluvia,
escuchando nuestra canción favorita y de pronto,
la música dejará de sonar,
la lluvia se empezará a calmar
y nuestros corazones se volverán a encontrar.

UN SORBITO DE TU AMOR

Siempre pensé que un hogar se basaba en 4 paredes
y un techo, un par de puertas y ventanas,
a veces alfombras y fogatas para conservar el calor.
Hasta que te conocí...
en ese momento mi hogar cambio,
ahora tiene brazos que me cuidan en el frío,
un par de manos en las que confío
y un corazón,
que late junto al mío.

DIEGO VALDÉS

Quiero que estés junto a mí, en esta y todas las vidas.

UN SORBITO DE TU AMOR

Te amo más.
¿Pero realmente cuánto es más?
¿Más de lo que te amé ayer pero menos que mañana?
Difícil de explicar,
dime cómo expresar algo
que no puedo ver,
entender,
mucho menos comprender...
Solo tienes que saber,
que te amo,
con cada latido,
aún si un día
tu corazón ya no es mío.

DIEGO VALDÉS

Aunque mi corazón no lata y mi mente olvide,
yo te seguiré amando.

UN SORBITO DE TU AMOR

Aunque me cueste aceptarlo,
hay algo que tengo que entender...
tal vez el sol y la luna están destinados a estar
separados,
aunque les vaya a doler,
tal vez Romeo y Julieta no fue como dicen ser,
tal vez Romeo perdió su empleo
y sin pensarlo, Julieta tomó su chaqueta y se fue...
tal vez la vida es un juego,
y estoy destinado a siempre perder.

DIEGO VALDÉS

Me rompería mil veces para que tú estés completa.

UN SORBITO DE TU AMOR

Si tuviera que definirte en una palabra,
sería luna,
porque en las noches más obscuras,
me iluminas con tu luz.

DIEGO VALDÉS

Me gustaría que la persona que me rompe cada día no
estuviera tan cerca,
mirándome a los ojos desde el espejo,
juzgándome por cada pequeño error que cometí...
me gustaría que me entendiera,
que cerrara los ojos y viera,
que sigo siendo el mismo que siempre fui.

UN SORBITO DE TU AMOR

Tal vez no sea bueno escribiendo,
pero escribir sobre ti,
lo haría todo el tiempo.

DIEGO VALDÉS

No pasa nada, estoy bien.

UN SORBITO DE TU AMOR

Es mentira,
por favor, ven...

DIEGO VALDÉS

Ya no te pienso tanto,
tal vez 10 veces al día
como 7 días de la semana.
Ya no te pienso tanto,
solo te veo en las flores cuando te extraño y en las nubes
cuando peleamos.
Ya no te pienso tanto,
solo te pienso todo el tiempo.

UN SORBITO DE TU AMOR

Aunque no encuentre las palabras para expresarte lo que
siento,
yo lo seguiré intentando,
por el resto de mis días.

DIEGO VALDÉS

En un cielo lleno de estrellas, siempre serás la más bella
de ellas...
¿No te das cuenta?
Tú brillas bajo el sol.

UN SORBITO DE TU AMOR

Quiero saber más de ti.
¿Por qué hueles a flores?
Si detestas las rosas.
Te encanta el mar,
pero odias nadar.
Tienes esa costumbre de sentir cierta admiración y
desprecio por las cosas...
¿Será tu forma de querer,
o que así fuiste querida?
No quisieron tus espinas,
ni tampoco navegar,
por los ríos de tus heridas.
Si supieras lo bonito que duele ser picado por la espina
correcta, podrías ver
que en verdad eres perfecta.

DIEGO VALDÉS

A veces me pregunto si me piensas tanto como yo a ti...

UN SORBITO DE TU AMOR

Si tu piel es fuego en invierno,
espero que me queme en verano.
Que esté ahí cuando empiece el calor
y el tener frío sea lejano.
No quiero saber lo que es
la ausencia del calor de tus manos,
quiero tenerte todo el año,
que no le temas a un te amo,
que nos falten los cumpleaños
y que nada sea en vano...
es verdad,
que a veces le temo al futuro,
pero tampoco pido mucho, solo pido algo seguro.

DIEGO VALDÉS

Quisiera contar ovejas antes de dormir, cerrar los ojos y
no sentir,
que todos mis miedos me quieren hundir.

UN SORBITO DE TU AMOR

Pienso demasiado,
siento demasiado,
pero siento en pasado y pienso en futuro.
A veces me duele en presente,
pero siempre que pienso es en ti
y no importa lo que pase,
solo quiero que tú estés aquí.

DIEGO VALDÉS

Me gusta hundirme en el silencio de tus besos.

UN SORBITO DE TU AMOR

Puede llover o granizar,
nublarse o chispear,
pero el sol siempre estará ahí,
para brindarte su calor.
Te puedes ir
o también quedar, eso
siempre dará igual,
pues yo siempre estaré aquí, para darte lo mejor.

DIEGO VALDÉS

No quiero saber lo que es quererte y no tenerte...
Quererte entre mis brazos
y que no me quede ni el suspiro de tus labios,
pensar en tus abrazos
y que solo sienta el frío de un te amo, un te amo,
que no sonará de nuevo,
no de tu parte por lo menos,
pues dejarías muy claro,
que no me echarías de menos.

UN SORBITO DE TU AMOR

Tengo que guardar lo que siento para no joder el momento.

DIEGO VALDÉS

No creía en los por siempre, hasta que te conocí.
No me malentiendas,
no sé si por siempre estaremos juntos,
todos sabemos que eso es algo incierto en realidad,
pero si algo tengo seguro
es que el silencio de tus besos,
jamás se me va a olvidar,
que el calor de tus abrazos,
siempre voy a recordar,
que aunque me partas en pedazos, por siempre,
te voy a amar.

UN SORBITO DE TU AMOR

¿Por qué no me besas cuando nos miramos?
¿Será falta de interés?
O que le temes a un te amo...

DIEGO VALDÉS

Amémonos sin ruido,
amémonos a gritos,
amémonos de cerca,
amémonos de lejos,
cuando estemos tristes
y también felices,
amémonos estando solos,
pero sobre todo cuando no.

UN SORBITO DE TU AMOR

No estás bien...
actúas como si lo estuvieras,
pero en el fondo sabes que no es así.
Estás cansado,
estás triste,
no tienes que decirlo,
eres demasiado terco como para admitirlo:
duermes de día y despiertas de noche, adicto a comer
una vez por deporte,
no estás bien,
porque cuando llegas a casa
y ves al espejo,
quisieras que fuera alguien más quien te ve de regreso.

DIEGO VALDÉS

Hay canciones que te ahogan en recuerdos y recuerdos que se vuelven canciones.

UN SORBITO DE TU AMOR

Fuiste mi primera vez
y no de la forma superficial que todos piensan,
mi primer te amo al despertar,
aunque no pudimos ni dormir,
mi primera adicción
y sin fumar,
la primera que me hizo sentir que puedo ser yo
sin sufrir
y si tengo algo
lo puedo decir,
fuiste mi primera en muchas cosas...
y yo solo espero
que seas la última
de cada una de ellas.

DIEGO VALDÉS

Si el amor tiene sabor, espero que te sepa a mí...
Y si el dolor tiene razón, espero que me sepa a ti.

UN SORBITO DE TU AMOR

Si valiera la pena esperarlo, no te tendría esperando.

DIEGO VALDÉS

Si fueras vino,
yo sería un borracho del centro,
gritando entre calles
que daría lo que tengo,
por un trago de tus besos y un sorbito de tu amor.

UN SORBITO DE TU AMOR

Cambiaría mil vidas por un segundo de eternidad
contigo.

DIEGO VALDÉS

Quisiera llorar como los hombres de verdad,
básicamente, no llorar en lo absoluto,
cerrar los ojos y decirle al mundo que estoy bien,
aunque me pesen los minutos.

UN SORBITO DE TU AMOR

Entre la turbulencia de mis miedos
y lo profundo de mi orgullo,
sabía que no iba a ser tan fácil hacer que te quedaras,
pero nunca pensé que te fuera tan sencillo,
que te valieran mis palabras.
Te fuiste,
tan veloz y tan campante,
tan bonita y elegante,
que ni alcancé a decirte,
porfa no te vayas,
me hizo cuestionarme si era solo una obsesión,
o si en verdad me amabas.

DIEGO VALDÉS

Ya no recibo un te amo,
pocas veces un te extraño.
¿Será que ya no lo siente?
¿O está sentada esperando? A
que lo diga primero,
a que yo muerda su anzuelo.
¿En qué momento el amor
se convirtió en este juego?

UN SORBITO DE TU AMOR

Me gusta sentir cómo llenas el silencio entre latidos con el ruido de tu voz.

DIEGO VALDÉS

No puedo llorar,
no sé si sea por valiente,
o por hacerme el fuerte,
quisiera dejarme llevar,
quisiera poder soltar
pero por más que lo intente,
mi mente siempre me lleva a pensar,
pensar y pensar,
que siempre estoy mal, quisiera sacar
esta lluvia de miedos que no sé sanar.

UN SORBITO DE TU AMOR

Gracias por darme algo digno de plasmar en papel.

DIEGO VALDÉS

Creo que no me es suficiente escuchar un te quiero.
Tal vez necesite ser mar
y que surfees en mis miedos,
que yo sea la luna
y me busques de noche.
O tal vez el sol,
que busques mi luz en un martes 14.
Necesito sentir que todo de ti
se aferra a un cachito de mí.
Y no por necedad,
más bien por decisión.
Ser esa flor
que de todo un jardín
robó tu atención.
Y no por orgullo ni satisfacción, sino por saber
que yo soy
el dueño
de tu corazón.

UN SORBITO DE TU AMOR

Cupido me flechó (de ansiedad).

DIEGO VALDÉS

No sé si soy buen poeta.
Pero si te pienso no pienso en besarte,
pienso en caricias con versos
mirarte entre letras
y hacer de tus miedos
una obra de arte.
Aunque en realidad ya lo seas.
Cada peca,
cada pelo,
cada rincón de tu piel,
es como tener
un cachito de luna que se asoma
al atardecer.

UN SORBITO DE TU AMOR

Amor de mis amores, perfume de mis flores.

DIEGO VALDÉS

Estamos destinados a existir, unidos,
el uno y el otro.
Lo sé
porque tu piel me huele a paz y tu cabello a oro.
Si estoy contigo
ya no quiero huir,
ni me siento roto.
Tal vez,
tus latidos con los míos, hicieron que el dolor dejara de
ser una opción.
Como pez, perdido en un río,
que de pronto
encontró su mar.

UN SORBITO DE TU AMOR

Saber que te puede disparar y aun así darle la bala.
Eso nunca acaba bien.
Si te amara de verdad,
no le darían ganas de tomar la bala en primer lugar.

DIEGO VALDÉS

¿Y si mejor mañana?
Mañana peleamos
y hoy nos amamos.
Y si mañana que toque pelear,
¿comenzamos de nuevo?

UN SORBITO DE TU AMOR

Si tuviera que definirte en una palabra,
no te llamaría perfecta,
brilla más un diamante roto que una piedra perfecta-
mente lisa,
tampoco serías linda,
linda la película que vimos el fin pasado
y aún así
ya no la recuerdo completa,
de ti no olvidaría el más mínimo detalle.
Podría gastarme la vida entera buscando la palabra correcta para
describir la perfección imperfecta que yace dentro de ti...
Pero prefiero pasarla en vela,
admirando tu belleza
y persiguiendo tu calor.

DIEGO VALDÉS

Lo mejor de verte no es volver a verte.
Es volverme a enamorar,
cada día un poco más.

UN SORBITO DE TU AMOR

Cicatrices en tu cuerpo.
No por fuera,
también por dentro,
de las que no se muestran en la primera cita.
De las que cuentan una historia, pero dejan libre el final.
Cicatrices que no mienten,
que te duelen
y recuerdan,
no solo lo que fue, sino lo que puede ser.

DIEGO VALDÉS

No me importa que te vayas, sigo fiel a tu calor.

UN SORBITO DE TU AMOR

Si lo nuestro dura un instante, congelaría el momento.
Y aunque me llamen cobarde, prefiero quedar pausado
en el tiempo,
acompañado del silencio de tus besos
a que me consuma el miedo de no salir ileso.
Solo sé bailar al compás de tus pies
y no sé cantar si no es para cantarte a ti,
tú me pones al revés
y no sabría qué ser si no estás aquí.

DIEGO VALDÉS

Te quise tanto,
que olvidé quererme a mí.

UN SORBITO DE TU AMOR

Me gusta salir los viernes por la noche,
verte bailar, gritar,
cantar tu canción favorita,
aunque a penas escuche tu voz y tu risa.
Pero he de decir,
que como de costumbre,
siempre te ves muy bonita.
Ojos radiantes
y piel bendita que me incita a tocar tus labios.
Aunque tengo que admitir,
que me gustas más
un domingo al despertar
y no creo que culpe al horario,
culpo a tu voz y a compartir la almohada,
por ser lo que quiero a diario.

DIEGO VALDÉS

Divino.
He escuchado esa palabra en muchas bocas,
varias lenguas
y aún ninguna se equivoca.
No suelen hablar de ti.
Me enloquece pensar
que alguien la pueda conjugar
y que no sea para decir, todo lo bello que hay en ti.

UN SORBITO DE TU AMOR

Se me sale el corazón del pecho al escuchar tu nombre
y aunque parezca cumplido,
en realidad no lo es.
Me hizo cuestionarme,
si en verdad soy para ti.
Me tomé unos días para escuchar
lo que no querías en mí.
No me malentiendas,
no me duele la falta de empatía,
me duele que mi compañía, no te dejara ser feliz.
Quisiera que me digas,
en todo lo que puedo mejorar, qué puedo cambiar,
pero no tiene sentido cuando el problema soy yo.
Y si yo no soy suficiente para ti,
un nosotros no es suficiente para mí.

DIEGO VALDÉS

Solo sé bailar
al compás de tus latidos.

UN SORBITO DE TU AMOR

Si se acaba el mundo, extrañaría tu pelo,
no las nubes.
Buscaría tu piel,
no las flores.
Me perdería en el mar de tu mirada y escalaría la curva
de tus besos, esperando
que sean eternos.
Si se acaba el mundo,
no me aterraría el suceso.
Mi mundo carga nombre y apellido
y por eso saldría ileso.

DIEGO VALDÉS

Te amo.
Pero no como la gente ama hoy en día,
te amo al despertar
y me gusta el pliegue entre tus cejas
cuando te hago enojar,
quiero verte ganar
y perder también,
que mis brazos te cobijen cuando nada esté bien.
Te amo en las buenas,
en las malas,
sobre todo en las peores.
Porque sé que en esta vida, si es contigo,
me olvidaré de mis dolores.

UN SORBITO DE TU AMOR

Podría pasar la noche entera contando estrellas en tu piel.

DIEGO VALDÉS

Sé lo difícil que es pensar en un por siempre hoy en día.
Vivimos en una generación,
que sufre de egoísmo
y falta de empatía,
nadie pedirá perdón,
ni protegerá tu herida...
yo sí lo haría.
No sé si es falta de amor
o poca valentía,
que la gente vea normal
compartir su vida
y atascarla de mentiras,
qué ironía...
En esta vida,
te atosigaría con versos,
no con miedos,
tomaría tus sueños
y los haría nuestros,
que no te falte un buenos días,
buenas noches,
mucho menos dulces sueños.

UN SORBITO DE TU AMOR

Y aunque eclipses nos superen y cometas nos observen,
distanciarnos y no estar,
en el fondo tú bien sabes,
que aunque no mande señales,
en tus brazos es mi hogar.

DIEGO VALDÉS

Que al escritor de nuestra historia no se le acabe
el papel.

UN SORBITO DE TU AMOR

No conocen nuestra historia,
ni me ven en tus memorias.
Ellos solo ven un amor fugaz,
que acabó su camino, unas piezas
que no embonan,
que ya no tienen destino.
Ven el rencor,
no el amor
y por eso dicen,
que no estarás bien conmigo,
solo ven lo que les muestras, no lo que no está perdido.

DIEGO VALDÉS

Nunca pensé,
que en la superficie de tus besos,
caería en lo profundo de mis miedos.
Miedo a perderlos,
a verte y no tenerlos.

UN SORBITO DE TU AMOR

Eres un desastre, le grité.
Te estás cayendo a pedazos
y solo tú puedes pegar las piezas,
respira hondo,
cuenta hasta 10,
no escuches a tu cabeza
y un paso a la vez.
Esto no es tan fácil, exclamé...
Tirado frente al espejo, sentado en mi estupidez,
de sentir mucho y hacer poco, aunque cada día lucho
con quererme un poco más.

DIEGO VALDÉS

Ya no me aparezco en tus sueños, ¿verdad?

UN SORBITO DE TU AMOR

Cuando digo que me siento solo, no quiere decir que
un par de amigos
y una fiesta lo arreglarían todo.
Créeme,
he estado ahí
y aunque suene loco,
creo que entre más gente, más ruido,
más gritos,
menos lo controlo.
Honestamente, no me falta compañía,
creo que el problema es mi herida,
que vive incomprendida.
No creo que la soledad,
me atrape estrictamente por estar solo,
sino por sentir
que nadie entenderá,
esto que siento en el fondo.

DIEGO VALDÉS

Las personas que amamos tan fuerte, también solemos
rompernos fácilmente.

UN SORBITO DE TU AMOR

Dicen que el tiempo lo cura todo,
pero si el tiempo te lleva con él,
ninguna medida de tiempo
sería suficiente.
Por más que me haga el fuerte,
no me puedo preparar
para un día no tenerte.
Así que pidámosle al tiempo,
una pausa
por cada latido
que siento por ti,
que si te lleva, me lleve contigo
y que si el tiempo se acaba, me quede el recuerdo
de tenerte aquí.

DIEGO VALDÉS

Si algún día te sueltas de mis brazos, permanecerán
abiertos con la figura de tu cintura,
esperando tu regreso.

UN SORBITO DE TU AMOR

Si te hubiera conocido antes,
me hubiera enamorado al instante de ti.
Si bien, no éramos extraños,
tampoco solíamos llamarnos, no había escuchado
tu risa al despertar,
ni sentido tu calor antes de dormir.
Sin buscarte encontré en ti
todo lo que no sabía que necesitaba
y tengo que admitir
que no quiero perderlo nunca.

DIEGO VALDÉS

Al cielo le dan celos cuando miro hacia tus ojos,
sabe que nadie había mirado algo con tanto deseo
y no de tenerlos,
sino de verlos toda la vida.

UN SORBITO DE TU AMOR

¿Sabías que las estrellas que brillan más fuerte,
en realidad ya no están?
Solo queda el destello
de lo que un día fueron.
Me parece increíble
que algo tan perfecto
desaparezca sin mirar atrás
y me aterra pensar
que seas solo eso:
un destello en mi vida,
que me ilumina,
pero que está destinado a irse sin más.
Así que te pido, nunca dejes de brillar.

DIEGO VALDÉS

Si tuviera que escoger un espejo para verme el resto de
mi vida, me encantaría vivir en el reflejo de tus ojos.
Quizá sea un poco narcisista,
decir que en lugar de verte a ti,
me vería a mí, reflejado en tu mirada.
Pero es que solo así tendría la certeza
de que te tengo frente a mí
y que nos sobran las palabras.

UN SORBITO DE TU AMOR

Quisiera ser la luz que te ilumine en días oscuros,
esa manta que da calor, que te hace sentir seguro.

DIEGO VALDÉS

Estar contigo me sabe a bailes lentos,
madrugadas largas y días eternos,
como un sorbo de café en domingo.
Me quitas el sueño de las manos
y aunque pase el tiempo
siempre sé que acabas en mis brazos,
o yo en los tuyos.
En realidad no me importa,
mientras el café de mis ojos siga siendo la razón de tus
desvelos,
tú siempre tendrás un lugar en mis sueños.

UN SORBITO DE TU AMOR

Tengo silencios guardados en lo obscuro de mi corazón.
¿Será que se ahogaron?
¿O están esperando salir para ahogarme a mí?

DIEGO VALDÉS

Quisiera verte,
aunque diga que no para hacerme el fuerte.
Pasaron días e
intente llamarte,
tonto de mi parte,
siempre supe
que no contestarías.
Jamás pensé que te tendría
tan lejos,
que extrañaría tus consejos.
Pensé en tomar un vuelo
y pasar a visitarte, lástima que,
aún no hayan paradas en el cielo.
¿Será mucho pedir
que bajes un rato?

UN SORBITO DE TU AMOR

Nunca digas que me fui de ti,
los dos sabemos que yo nunca me hubiera alejado,
pero mientras más pasaba el tiempo,
más corrías al otro lado,
así que no me fui de ti,
solo dejé de correr.

DIEGO VALDÉS

¿Habrá alguien que me tome de la mano sin soltar mi corazón?

UN SORBITO DE TU AMOR

De pronto llega un día
en el que todo ese dolor
parece haberse desvanecido
y sin razón aparente,
se esfumó todo el ruido.
Piensas que por fin encontraste calma,
un poco de paz,
hasta que tiempo después
te das cuenta
que en realidad
todo sigue ahí,
la tristeza,
el dolor,
y el enojo,
nunca se fueron de ti,
con el tiempo aprendieron a coexistir
y no fue culpa tuya,
solo encendiste el modo avión
para poder sobrevivir.

DIEGO VALDÉS

No te veía conmigo
y ahora no me veo sin ti.

UN SORBITO DE TU AMOR

Siento mi corazón tan dormido,
que estoy en búsqueda de un bostezo...
vivo tentado a brincar al fondo,
pues ya no me importa el salir ileso,
no sé si le temo al dolor,
o a no volver a sentirlo,
tal vez le huyo al amor,
aunque no quiera admitirlo.

DIEGO VALDÉS

Tal vez una carta sea mucho para ti.
Seamos sinceros,
nunca te importó mi sentir
y a pesar de eso
preferí quedarme y no huir.
Aún así te mandé cartas,
te escribí poemas,
incluso busqué las flores más bellas,
pero como siempre,
tú solo pensaste en ti.
Algunas personas te enseñan,
que no importa lo que pase,
siempre hay que dar lo mejor de ti
y otras tan solo te enseñan,
a no ser como ellas...

UN SORBITO DE TU AMOR

¿Será mucho pedir un por siempre?

DIEGO VALDÉS

Pedí un vuelo a las estrellas y aterricé en sus labios.
Nos bastó con un beso
para ir a la luna y de regreso.

UN SORBITO DE TU AMOR

Contigo aprendí que un hogar no se
basa en 4 paredes y un techo,
me enseñaste que no hace falta
tener calefacción para entrar en calor,
pues tu piel es la manta que siempre necesitaba,
mi hogar es una tienda de acampar,
un hotel en la playa, o a la luz de la luna
con estrellas como techo,
considero que un hogar es donde puedes dormir
tranquilo, donde sientes paz,
y déjame te digo,
que eso siempre será contigo,
eres el hogar del que no quiero mudarme nunca.

DIEGO VALDÉS

No puedo soltarte,
ni quiero hacerlo...
Lo siento,
pero cada que lo intento
las canciones en la radio me dicen
que siempre te voy a querer,
que aún no es el momento,
que mejor me vaya lento
y disfrute cada que te vuelva a ver...
¿Pero cómo disfruto tu indiferencia?
¿Cómo aprendo a apreciar tu olvido
y cómo ignoro la falta de interés?
Después de un tiempo comprendí,
que siempre hice las preguntas incorrectas, tenía que
preguntarme:
¿cómo hacer para quererme a mí?

UN SORBITO DE TU AMOR

Ojalá cargara un borrador,
para olvidarnos de todo lo malo
que dijimos.

DIEGO VALDÉS

Jamás quiero tener que preguntar
¿Qué te gusta hacer?
O, ¿cuál es tu color favorito?
Las únicas respuestas
que me importan,
ya me las diste una vez.
Y sinceramente,
no quiero escucharlas de nadie más.

UN SORBITO DE TU AMOR

¿Si te digo dónde me duele prometes no enojarte cuando te señale a ti?

Fin. 

Gracias por acompañarme en este viaje de
emociones que algunos llaman "vida"
Y gracias a la vida, por dejarme sentir tanto,
que lo tuve que dejar salir.
Nos leemos pronto.

:)

9 798879 927511